SUPERESTRELLAS DEL BÉISBOL

JOSÉ VALVERDE

A LA CUMBRE!

¡Tiene una temporada regular perfecta!

2011

Firma un contrato con Los Tigres de Detroit por $US14 millones.

2010

Empieza a jugar con Los Astros de Houston.

2008

Juega en su primer Juego de las Estrellas.

2007

Empieza a jugar en las Mayores.

2003

Los Diamondbacks de Arizona lo contratan para las Menores.

1997

Se nace el 24 de julio de 1978 en San Pedro de Macorís.

1978

Mason Crest
370 Reed Road
Broomall, Pennsylvania 19008
www.masoncrest.com

Impreso y encuadernado en Estados Unidos de América

Primera Impresión
9 8 7 6 5 4 3 2 1

Library of Congress Cataloging-in-Publication Data

Rodríguez Gonzalez, Tania
[José Valverde. Spanish]
José Valverde / by Tania Rodriguez.
  p. cm.
Includes bibliographical references and index.
ISBN 978-1-4222-2641-4 (hardcopy : alk. paper) – ISBN 978-1-4222-2617-9
(series hardcopy : alk. paper) – ISBN 978-1-4222-9132-0 (ebook : alk. paper)
 1. Valverde, José, 1978–Juvenile literature. 2. Hispanic American baseball players–Biography–Juvenile literature. 3. Baseball players–United States–Biography–Juvenile literature. I. Title.
 GV865.V347R6418 2012
 796.357092–dc23
 [B]
                                        2012024315

Harding House Publishing Services, Inc.
www.hardinghousepages.com

RECONOCIMIENTOS GRÁFICOS:
Conde | Dreamstime.com: p. 6
Jack Rogers | Dreamstime.com: p. 4
Mangin, Brad: p. 2, 18, 22, 24, 27
Todas las tarjetas de béisbol cortesía a la colección de Dennis Purdy.

JOSÉ VALVERDE

Capítulo 1

Béisbol, la República Dominicana, y José Valverde

A ctualmente, José Valverde es uno de los mejores lanzadores de relevo en el béisbol, con grandes logros en su carrera como haber participado en el *Juego de las Estrellas*, recibido premios, y ganado millones de dólares. ¡Tuvo una temporada regular perfecta en el año 2011! Los aficionados saben de sus pasos de baile y sus puños en la boca cuando se siente particularmente bien acerca del partido y, también lo reconocen por su manera de lanzar, claro está. Hoy por hoy, el dominicano es una estrella del deporte, reconocido en todos los Estados Unidos y alrededor del mundo.

Superestrellas del Béisbol: José Valverde

Pero sus comienzos no fueron en Norteamérica. De hecho, sus raíces están en la rica *cultura* beisbolera de la República Dominicana que lo ayudó a convertirse en la estrella que es.

Dominicanos en el Béisbol

En las *Ligas Mayores*, los equipos y fanáticos saben que la República Dominicana es el sitio para encontrar grandes jugadores. En efecto, es de la isla de donde más jugadores llegan; de hecho, en el 2010 el 10 por ciento de los peloteros de las Grandes Ligas eran dominicanos.

Para el 2011, habían un total de 420 jugadores provenientes de Quisqueya.

Hay más dominicanos en las Mayores que de otro país de Latinoamérica. De hecho, la isla tiene más jugadores que los otros países combinados.

Históricamente, han habido muchos dominicanos en las Mayores desde los años 1950s y 1960s. El primero en llegar fue Ozzie Virgil, quien fuera contratado por Los Gigantes de Nueva York en 1953, haciéndolo muy bien. Durante su carrera, jugó con varios equipos de las Mayores, así como equipos en la República Dominicana. Después de retirado, se convirtió en entrenador.

A través de los años, muchos dominicanos han tocado la fama en el béis-

Desde sus primeros pasos, José amaba la pelota caliente.

Entrenadores y Managers Dominicanos

Los dominicanos también están dejando su marca en otros aspectos del juego; en el 2003, Tony Peña, quien jugara antes para Los Royales de la Ciudad de Kansas, fue entrenador contra Felipe Alou de Los Gigantes de San Francisco, siendo la primera vez que dos dominicanos se enfrentaran como entrenadores en las Grandes Ligas. Luego en el 2004, Omar Minaya se convirtió en el primer manager general dominicano, dirigiendo a Los Mets de Nueva York. ¡Los dominicanos son líderes de primera clase en el mundo del béisbol!

bol—por ejemplos, los hermanos Alou, Felipe, Matty, y Jesús. De hecho, los tres fueron al bate en la misma entrada, primera vez en la historia de béisbol que tres hermanos jugaba juntos así. Uno de los otros más famosos jugadores dominicanos es Juan Marichal, quien sirvió de lanzador en ocho juegos de las Juegos de las Estrellas. Tuvo juegos sin permitir hits y fue aceptado en el Salón de la Fama. Otros famosos del pasado son Julián, Javier, y Manny Mota; Cesar Cedeño; y Pedro Guerrero.

Los jugadores quisqueyanos de la actualidad están cargando esta tradición. Algunos de los mejores beisbolistas de las Grandes Ligas son de la isla, tales como Alex Rodriguez, Manny Ramírez, David Ortiz, y Albert Pujols, quienes dominan los campos de los Estados Unidos.

Claro está que la República Dominicana tiene su liga de invierno también y muchos de los jugadores de Grandes Ligas regresan a ella durante la época de vacaciones en los Estados Unidos, para jugar en la Liga *Profesional* Dominicana (LIDOM). Hay seis equipos que se enfrentan entre sí por el derecho de competir en la Serie del Caribe contra México, Venezuela, y Puerto Rico.

De Aquí para Allá

Cada equipo de la Liga Americana establece academias en la isla. Éstas se encargan de entrenar a los chicos que quieren llegar a convertirse en beisbolistas y tienen algún talento. También ofrecen un espacio apto para que los reclutadores puedan observar a grandes figuras del futuro. El béisbol ofrece un camino para salir de la pobreza y una nueva manera de mirar el mundo para muchos locales. Facilidades frecuentemente son fundadas por algunos de los más famosos jugadores, quien quieren retribuir a su país.

La pelota caliente también tiene otro lado: muchos de los prospectos de jugadores se ven empujados a salir de las escuelas de secundaria para perseguir sus sueños en el deporte, lo cual no siempre funciona, pues la probabilidad de llegar a las Grandes Ligas es muy baja. De hecho, muchos de los jugadores que firman con equipos de Estados Unidos probablemente nunca lleguen a tiempo y han sido ya sacados del sistema educativo.

Las academias de béisbol no son tan maravillosas siempre. Aunque son mejor hoy que antes, todavía hay aspectos de la educación que en el futuro pueden ser mejorados. Han habido rumores de que se va a iniciar un draft o rueda de contrataciones en la isla en algún momento. Ese draft podría exigir que los jugadores tengan un grado de secundaria tal como en los Estados Unidos.

En el presente, la fortaleza del béisbol dominicano sigue fundamentada en cada uno de los 30 equipos de las Grandes Ligas—y al mismo tiempo, este deporte sigue siendo el más popular en la isla.

José Valverde y todos los otros jugadores dominicanos que han llegado a las Mayores sirven de inspiración a los

La Historia del Béisbol en la República Dominicana

Los Estados Unidos trajo el béisbol a Cuba a mediados de 1860, desde donde los inmigrantes cubanos, huyendo de su país por la Guerra de los Diez Años (1868–1878), llevaron el juego a todo el Caribe, incluyendo la República Dominicana. Los isleños recibieron el deporte con brazos abiertos y empezaron a organizar equipos y campeonatos. Para 1920, esos equipos competían con otros países del Caribe y equipos norte americanos.

El béisbol se hizo más popular en el sur de Quisqueya, donde generaciones de cañeros aprendieron a jugarlo durante las temporadas bajas. Los dueños de los ingenios motivaban a sus empleados a participar en las prácticas e incluso les daban apoyo financiero a los equipos. Es de esta parte del país de donde todavía surge un gran número de beisbolistas que continúan de manera profesional.

Desde campos de diamante en terrenos baldíos al Estadio Quisqueya, el béisbol está por toda la isla. En el mundo entero, todos saben que los dominicanos son sorprendentes beisbolistas.

chicos que están jugando en las calles de Quisqueya, soñando en convertirse en el próximo A-Rod . . . o quizá el próximo José Valverde. Jugadores como estos llenan de orgullo a su país, pues también fue uno mas de los que creció jugando en las calles de la República Dominicana, persiguiendo sus sueños . . . sin saber que ese sueño de podría hacer realidad algún día.

Inicios

José Valverde nació el 24 de julio de 1978, en San Pedro de Macorís en la República Dominicana. Luego su familia se mudó a un pueblo llamado Seibo, donde creció. Vivía con sus padres y dos hermanos en un rancho, donde aprendieron a trabajar duro ya que no tenían mucho dinero durante esta etapa, así que todos en la familia ayudaban.

Su tío, José Mercedes, estaba en las Grandes Ligas y jugo para muchos equipos, incluyendo a Los Cerveceros, Los Orioles, y Los Expos de Montreal.

Mercedes procuraba que su sobrino probara en el béisbol. Al principio, a José no le interesaba, diciendo que no quería hacerlo mal, pero después de un tiempo, intentó practicarlo para desempeñarse como lanzador—igual que su tío—y notó que tenía grandes condiciones. José fue a la Escuela San Lorenzo, y a medida que crecía, se hacía mejor en el deporte.

Para la época en que se graduó de secundaria en 1997, ya los reclutadores lo habían observado. En ese mismo año, Los Diamondbacks de Arizona lo contrataron para las Menores—lo cual hizo muy feliz al quisqueyano por el dinero que iba a recibir y por la oportunidad de hacerse profesional en el béisbol. Lo primero que hizo fue llamar a su madre. Muy emocionado, le contó del *contrato* y el dinero, lo que le alegró tanto como al resto de la familia. El joven José Valverde estaba empezando a hacer sus sueños realidad.

Capítulo 2

COMIENZOS EN EL BÉISBOL

A ntes que pudiera ir a las Ligas Mayores, tenía que probarse a sí mismo que podía hacerlo en las Menores. Para lo cual, tendría que trabajar fuerte, con la seguridad de demostrar a Los Diamondbacks que había valido la pena traerlo.

Jugando en las Ligas Menores

Valverde comenzó su carrera en las Menores en 1999, y en su primera temporada, jugó para dos equipos—al inicio con Los Diamondbacks de la Liga de Arizona, donde lanzó en 20 partidos con un promedio de lanzamiento de 4.08. Con esto, empezaba a mostrar su promesa. Al final, lanzó para Los Tiburones Plateados del Sur, pero solamente en dos juegos.

En el 2000, nuevamente tuvo una temporada con dos equipos—primero con Missoula Osprey de Montana que participa en la Liga Juvenil. Estuvo ahí en 12 juegos con 24 ponchadas para luego regresar a Los Tiburones Plateados del Sur y participar en mas partidos—31—con 39 bateadores ponchados en esta segunda parte de la temporada.

Como la mayoría de los jugadores de las Menores, Valverde

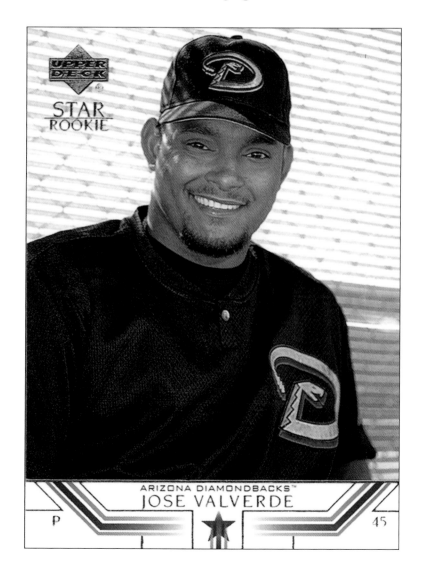

ARIZONA DIAMONDBACKS™
JOSE VALVERDE
P   45

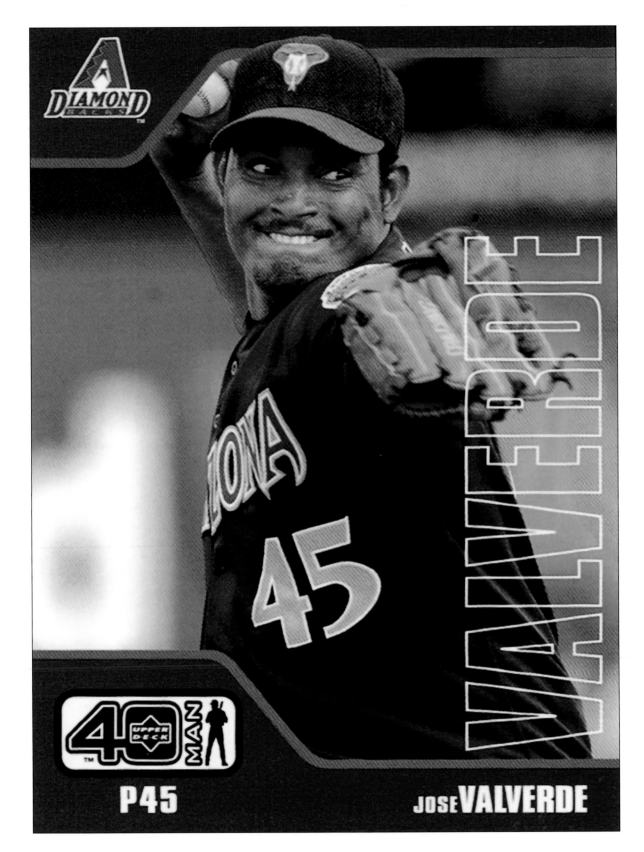

En 1997, Los Diamondbacks de Arizona contrataron a José para sus menores equipos—pero en 2003, por fin tuve su oportunidad a jugar en las Mayores.

Las Ligas Menores

No todos los jugadores de béisbol salen directo de la escuela a las Ligas Mayores, siendo recomendable que obtengan algo de práctica en las Menores primero. Las Menores operan en muchos países, como Puerto Rico, los Estados Unidos, Canadá, México, y la República Dominicana.

Los equipos de las Ligas Menores se relacionan con los de las Ligas Mayores, los cuales estudian a los jugadores de las Ligas Menores y deciden quien jugará en su equipo. A veces los equipos de las Menores son llamados "de granja," donde "crían" al jugador para el equipo con el cual están afiliados. Algunas de las relaciones duran mucho tiempo y otras por solo un par de años.

se movía de equipo en equipo. En el año 2001, se unió a Los Diablos del Paso, un equipo Doble-AA. ¡Ya estaba empezando a crecer! Su ERA fue de 3.92 y 72 ponchadas.

Para el 2002, seguía cambiando de equipo. Ahora se trasladaría a Tucson para jugar con Los Sidewinders, un equipo clase-AAA que participaba en la Liga de la Costa Pacífica, lo cual era casi un paso atrás de las Grandes Ligas. En este equipo, Valverde fue parte de 49 juegos con un ERA de 5.85 y 65 ponchadas.

El dominicano ha hecho su recorrido desde las Ligas Juveniles a equipos triple-AAA en las Menores. También ha sido un gran trabajador para destacarse y llegar al tope en las *Ligas Menores*. Ahora estaba listo para trasladarse y jugar en las Mayores.

Sería en 2003 cuando finalmente tendría su oportunidad.

Capítulo 3

JUGANDO PARA
LOS DIAMONDBACKS

En la temporada de 2003 muchos jugadores de los Diamondbacks de Arizona se lesionaron— entre ellos el lanzador. El equipo debería llamar a alguien de las Ligas Menores para remplazarlo . . . y fue José el escogido para jugar en las Mayores.

Valverde en Arizona

Finalmente le llegó la oportunidad a jugar en las Mayores. En el 2003, debutó con 54 partidos y lanzando en más de 50 entradas, con un ERA de 2.15—lo cual era muy bueno para el debutante.

Los Diamondbacks no tuvieron una muy buena temporada en ese año. Aunque el equipo completó mas triunfos que derrotas, no llegarían a los *playoffs*. Pero para Valverde, era apenas su primer año y tendría muchas más ocasiones de destacarse. El siguiente año no fue tampoco muy destacado para el equipo ni para su lanzador dominicano, pero finalmente en el 2005, nuestro protagonista estuvo en 61 juegos con un ERA de 2.44, 75 ponchados, y 15 salvadas.

Los Diamondbacks tuvieron en este mismo año una mejor temporada que la del anterior, terminando en el segundo lugar de la División Oeste de la Liga Nacional. No llegarían a los playoffs pero estaban mejorando visiblemente.

Una Temporada Difícil

El beisbolista tuvo un año duro en el 2006, con muchos problemas para encontrar la manera de lanzar como quería hacerlo. Se lesionó con mucha frecuencia, y en junio el equipo lo trasladó de regreso a las Ligas Menores, donde podría trabajar en su recuperación y estar en forma de nuevo. Durante seis semanas jugó para Los Sidewinders de Tucson, probando en

ERA (Promedio de Carreras Ganadas)

Muchas personas saben que los grandes lanzadores logran bajos ERA's—pero ¿sabemos como calcular un ERA?

Es un número que muestra el promedio de carreras que el lanzador permite durante nueve entradas. Es la manera de medir a los lanzadores entre sí. Pero los lanzadores no siempre juegan nueve entradas por partido. Por eso, debe haber una forma de convertir el número de carreras que permiten sin importar la cantidad de entradas que jueguen—así que usara un ERA para calcularlo, multiplicando el número de carreras permitidas en un juego por nueve y después dividiendo ese número por el número de entradas que lanzó. Cuanto mas bajo sea el ERA, mejor. Actualmente, un buen ERA se considera por debajo de 4.00. Es casi imposible para un lanzador conseguir ERA's por debajo de 3.00, Nadie en los años reciente ha logrado ERA's por debajo de 2.00.

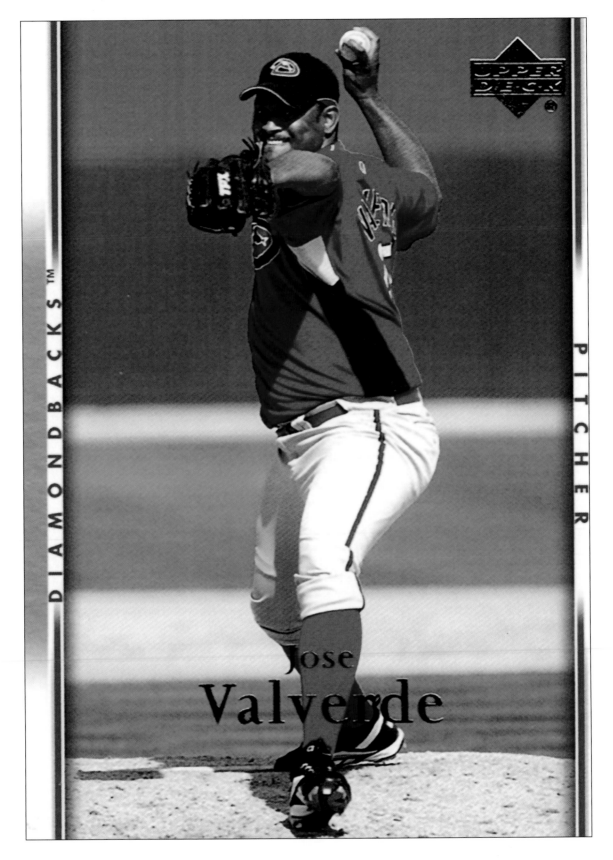

Valverde mostró al mundo que tenía todas las cualidades para jugar en las Mayores.

Los Diamondback dio a Valverde la oportunidad a entrar al mundo del béisbol. Y él la usó bien.

ese tiempo que podría regresar al equipo en las Mayores. Al final de la temporada, estaba de vuelta con Los Diamondbacks.

Para 2007, mostró que aún tenía todas las cualidades para jugar en las Mayores. Participó en 65 partidos y logró mas salvadas que ningún otro lanzador de relevo en las Ligas Mayores, con 47 en total durante la temporada regular. Sus estadísticas lo respaldaban y

su trabajo fuerte lo llevó a su primer Juego de las Estrellas.

También Los Diamondbacks serían primeros en el campeonato de la Liga Nacional, aunque no conseguirían el paso a la Serie Mundial.

La carrera de José Valverde estaba en pleno. Se había recuperado de sus lesiones, aprendido mejores técnicas de lanzamiento y llegado a los playoffs. ¿Hacia donde se dirigiría ahora?

Capítulo 4

EN LA CIMA

Valverde había jugado por años con Los Diamondbacks, el equipo que le dio la gran oportunidad de llegar a las Mayores. Pero ahora debía dejar. A finales del 2007, Arizona lo negoció con Los Astros de Houston.

Jugando con Los Astros

Los Astros estaban muy emocionados con Valverde en su línea de lanzamiento. Su **gerente general** dijo, "Cuando lo invitamos y estuvo dispuesto a venir a cerrar el contrato, tuvo todo el sentido del mundo que lo hiciéramos, pues esto nos pone mas cerca de ser campeones." Valverde sería jugador valioso en su nuevo equipo.

En 2008, le trajo 74 juegos con Los Astros. Nuevamente tuvo el record de salvadas en la temporada regular. Su equipo estaba complacido de haberlo traído.

En la siguiente temporada, también tuvo un gran comportamiento, pero no podía lograr que al resto le fuera mejor. Sus cifras personales eran excelentes, pero Los Astros terminaron en la quinta posición de su división.

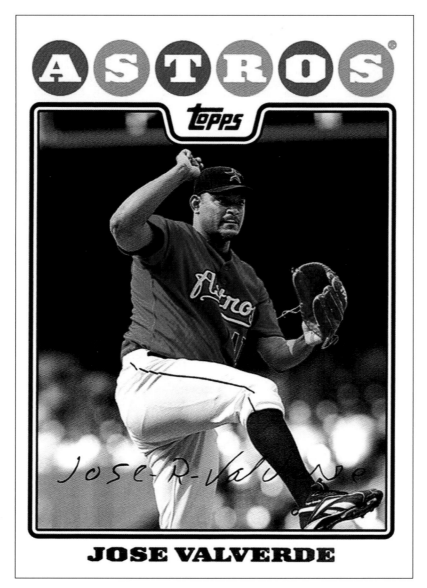

JOSE VALVERDE

JOSE VALVERDE
HOUSTON ASTROS®   PITCHER

Al final de su segundo año en Houston el dominicano se convirtió en *agente libre*. El equipo trató de *negociar* su contrato pero José estaba listo para un cambio. ¡Quería ser un campeonato!

Pasando a Los Tigres

A comienzos del 2010, Valverde firmó con Los Tigres de Detroit por US$14 millones en dos temporadas, lo cual parecía una buena decisión. Tuvo una gran temporada y fue llamado al Juego de las Estrellas. Aunque después del juego, tuvo algunas lesiones, pudo terminar el año con muy buenas cifras. Participó en 60 partidos, con un ERA de 3.00 y 26 salvadas.

En el 2011, tuvo el mejor año de su carrera, con 75 juegos, 69 adversarios ponchados, y un ERA de 2.24 en la temporada regular. También, por tercera vez le invitado a estar en el Juego de las Estrellas.

Ese año rompió el registro de mayor cantidad de salvadas en la historia de los lanzadores de relevo en Los Tigres. Al final de la temporada

En 2010, Valverde empezó a jugar para Los Tigres.

En 2011, Valverde tuvo el mejor año de su carrera.

regular, fueron 49 salvadas, hizo cuantas le fue posible, había lanzado un año perfecto. ¡No muchos jugadores en las Grandes Ligas pueden decir que hicieron lo que Valverde consiguió en este año!

Para Los Tigres fue un muy buen año también, siendo primeros en la División Central de la Liga Americana con 95 victorias y 67 derrota. El equipo en segunda posición, Los Indios de Cleveland, estuvo 15 juegos por debajo de Detroit en la temporada regular.

Los Tigres se enfrentarían a Los Yankees en la serie **divisional**, que se fue a cinco juegos, con una victoria 3–2 para el equipo de Valverde.

Pasaron a enfrentar a Los Rangers de Texas con quienes perdieron en seis juegos. La sorprendente temporada del equipo había terminado con un gran nivel de su lanzador en los play-offs, con grandes salvadas. Ayudó a su equipo a ganar uno de sus dos juegos en las finales.

Al finalizar el año, Los Tigres decidieron que Valverde jugara una temporada mas con ellos gracias a su magnífico desempeño, que anhelaban se pudiera repetir. El contrato fue por otros US$9 millones. José se quedaría con el equipo en que lo había hecho tan bien.

¡Y los aficionados no podían estar mas felices!

Capítulo 5

JOSÉ VALVERDE HOY

El dominicano ha tenido, sin duda, una gran carrera con grandes partidos, habiendo regresado al banco a muchos bateadores. Ha estado también en el Juego de las Estrellas y recibido reconocimientos por su manera de lanzar. Hoy es uno de los mejores.

Valverde ha trabajado duro para llegar donde está y para convertirse en el lanzador que todos reconocen. Siempre que estuvo en el montículo de lanzamiento, trató de hacer su mejor esfuerzo.

Su Vida Fuera del Béisbol

El béisbol es muy importante para este jugador, pero no es lo único en su vida. Es un hombre de familia y de negocios tanto como beisbolista. Hoy se empeña en ser un buen esposo y padre. El y su esposa Luisa se casaron en el 2001, y la pareja tiene una hija llamada Montserrat. Cuando no está jugando béisbol, José vive con su familia en Miami, Florida, y su hija le ofrece la motivación que necesita para seguir jugando bien.

Cuando no está con su esposa e hija, esta compartiendo con su familia

del béisbol, el dominicano ha dicho, "Aquí en el equipo somos una familia. Vemos a nuestras familias tres o cuatro veces por mes y compartimos tanto que tenemos que ser una familia."

Valverde es también un hombre de negocios, propietario de una compañía de música que graba la que a él le gusta—Papá Grande Récords (el apodo por el que lo conocen). En ninguna actividad se detiene. Adicionalmente trabaja con su esposa manejando un salón y spa llamado La Casa di Belleza. ¡Es un hombre muy ocupado! No muchos beisbolistas tienen tiempo para manejar dos nego-

Valverde ha trabajado duro para llegar donde está.

cios en la cima de su participación en las Grandes Ligas.

José ha sido muy exitoso en su carrera y compartir sus triunfos es parte importante de su vida. Trabajó con Los Tigres de Detroit para dar de su tiempo y dinero a la gente necesitada, e invirtió tiempo con niños enfermos en el hospital infantil de Michigan. También ha traído a niños enfermos a los partidos de Los Tigres. Trabaja para darles objetos firmados a las obras benéficas a través del programa de donación autografiada.

Durante su tiempo en el béisbol, Valverde ha hecho grandes cosas. Sus metas siguen delante de él, pues tiene muchos juegos por ganar y premios por recibir. (Por ejemplo, nunca ha ganado una Serie Mundial.)

Nadie puede estar seguro de su futuro—pero algo es cierto: ¡este hombre siempre trabajará duro para llegar al éxito, al punto de empujarse a sí mismo para hacer lo mejor y ser el orgullo de su pueblo!

Obra Social en el Béisbol

Se ha convertido en una tradición a través de los años para los jugadores de las Ligas Mayores el aportar algo ayudas benéficas. Algunos donan dinero y tiempo para ayudar a causas que consideran importantes. Otros colaboran con el arreglo de los campos de béisbol, otros fundan campos de béisbol en barrios pobres, y otros más promueven a los niños a la lectura o visitan a niños enfermos en los hospitales.

Muchos jugadores dominicanos se enfocan en sus pueblos natales. No es extraño que algunos donen máquinas de bomberos, paguen las cuentas en los hospitales, o formen academias para aspirantes a jugadores. Ellos saben que sus comunidades los ayudaron a estar en el lugar donde están hoy y no quieren dejarlo pasar desapercibido.

Un jugador que inspira a muchos beisbolistas, particularmente a los latinoamericanos, es Roberto Clemente. Este era un jugador portorriqueño conocido por sus proezas, que murió trágicamente en 1972 en un accidente aéreo mientras le llevaba suplementos de ayuda a los sobrevivientes de un terremoto en Nicaragua. A la fecha, un premio con su nombre es entregado al jugador que siga su ejemplo de entrega.

Descubra Más

Por Internet

Historia del Béisbol Dominicano

www.misterdeportes.com/no11/art05.htm

Kidzworldespañol

www.kidzworldespanol.com/articulo/2293-grandes-momentos-beisbol

LIDOM

www.lidom.com.do

MLB

mlb.mlb.com/es/index.jsp?c_id=mlb

En los Libros

Cruz, Hector H. *Béisbol Dominicano: Orígenes, Evolución, y Héroes*. Santo Domingo, D.R.: Alfa y Omega, 2006.

Kurlansky, Mark. *Las Estrellas Orientales: Como el Béisbol Cambio el Pueblo Dominicano de San Pedro de Macorís*. New York: Riverhead Books, 2010.

Wendel, Tim. *Lejos de Casa: Jugadores de Béisbol lations en los Estados Unidos*. Washington, D.C.: National Geographic, 2008.

Glosario

agente libre: Un jugador que al momento no tiene contrato con equipo alguno.

carreras impulsadas (RBI): Número de puntos que obtiene un bateador por lograr una anotación para su equipo.

cazatalentos: Personas a cargo de encontrar los mejores jugadores jóvenes para adherirse a los equipos para los cuales trabajan.

contrato: Un compromiso por escrito entre el jugador y el equipo en el que se registra la ganancia que devengará el beisbolista y la cuantía de tiempo.

cultura: La identidad de un grupo de gente que incluye gustos, creencias, idioma, comida, y arte.

defensa: Jugar evitando que el otro equipo anote, incluyendo las posiciones de jardín externo e interno, pitcher, y catcher.

división: Un grupo de equipos que compiten por el campeonato; en las Ligas Mayores, las Divisiones están determinadas por su ubicación geográfica.

firmar: Estar de acuerdo con lo contratado por algún equipo en particular.

gerente general: La persona a cargo de la dirección administrativa del equipo de béisbol, y quien es responsable de guiarlo.

herencia: Algo que se pasa desde las generaciones anteriores.

Juego de las Estrellas: El torneo jugado en julio entre los mejores jugadores de cada una de las dos ligas dentro de Grandes Ligas.

Ligas Mayores de Béisbol (MLB): El más alto nivel de béisbol profesional en los Estados Unidos y Canadá.

Ligas Menores: El nivel de béisbol Professional inmediatamente anterior a las Ligas Mayores.

lista de lesionados: Lista de jugadores que se han lesionado y no pueden jugar por algún período de tiempo no determinado.

negociar: Hacer un acuerdo con otro equipo para intercambiar jugadores.

novato: Jugador en su primer año dentro de las Ligas Mayores.

ofensiva: Jugar para anotar carreras estando al bate.

playoffs: Series de partidos que se juegan al final de la temporada regular para determiner quien ganará el campeonato.

profesional: Nivel de béisbol en que el jugador recibe remuneración.

promedio de bateo: Una estadística que mide la calidad del bateador, calculada al dividir el número de bateos logrados por las veces que toma el bate.

Índice